ExLibris

ISBN 3-8157-6826-8



Design: Heike Meinolf

Grafische Gestaltung: Stefanie Bartsch



Printed in Italy

www.coppenrath.de

Dietmar Bittrich

# Froschkönig küsst Dornröschen

Das Traumprinzen-Spiel

COPPENRATH

# Inhalt

# Märchenhafte Zeiten – Spielanleitung

Nirgends gibt es so schöne Prinzessinnen und Prinzen wie im Märchen. Nirgends – außer in der Wirklichkeit. „Die Märchenfiguren sind unsere Spiegelbilder", notierten die Märchensammler Jacob und Wilhelm Grimm. „In jeder Frau steckt etwas von Gretel, Rapunzel oder Rosenrot und den anderen Prinzessinnen. In jedem Mann etwas von Drosselbart, dem Schneiderlein und dem Wolf. Nur wechselt der Anteil von Mensch zu Mensch und von Zeit zu Zeit."

Es gibt Phasen im Leben, da fühlt eine Frau sich wie Aschenputtel. Und andere, da geht es ihr wie Sterntaler. Oder sie lässt sich wie Rotkäppchen auf kitzelige Abenteuer ein. Und es gibt Phasen im Leben eines Mannes, da möchte er aufstampfen wie Rumpelstilzchen. Er kämpft clever gegen Riesen wie das tapfere Schneiderlein. Oder er zieht unbesorgt hinaus wie Hans im Glück. Welche Märchenfigur entspricht Ihnen zur Zeit am meisten? Und mit wem könnten Sie jetzt am besten flirten, lachen, glücklich sein?



Wenn Sie eine Frau sind, sind Sie eine Prinzessin. Wenn Sie ein Mann sind, sind Sie ein Prinz. So viel ist klar. Aber welche Art Prinzessin sind Sie gerade? Eine unerlöste, die schläft wie Dornröschen? Oder eine, die ihren Erfolg selbst in die Hand nimmt, wie Aschenputtel? Sind Sie ein Prinz, der noch im Froschkostüm steckt? Oder einer, der im Wolfspelz auf Blumenwiesen jungen Mädchen nachstellt?

Finden Sie heraus, in welcher märchenhaften Phase Ihrer Entwicklung Sie gerade stecken – und welche romantischen Abenteuer Sie erwarten.

Sie benötigen lediglich zwei Zahlen.
1. An welchem Tag des Monats sind Sie geboren? (z. B. an einem 23.)
2. Welcher Tag des Monats ist heute? (z. B. der 16.)
Diese beiden Zahlen zählen Sie zusammen: 23 + 16 = 39. Nun errechnen Sie davon die Quersumme (einfach die beiden Ziffern addieren): 3 + 9 = 12, und davon noch einmal die Quersumme, bis Sie zu einer einstelligen Zahl kommen: 1 + 2 = 3.
Die „3“ ist also heute Ihre Märchenzahl.
Sie sind eine Frau? Dann suchen Sie die Nummer 3 im Kapitel „Die Prinzessinnen“. Aha, Sie sind heute ein Aschenputtel-Typ.
Lesen Sie, was das für Sie bedeutet!
Sind Sie ein Mann? Lesen Sie die Nummer 3 im Kapitel „Die Prinzen“.
Der Froschkönig grüßt Sie aus seinem sumpfigen Wasserloch …

Natürlich können Sie mit diesem Spiel auch etwas über Ihren Traumprinzen oder Ihre Traumprinzessin erfahren. Zumindest, wenn Sie den Geburtstag wissen. Und bei der Gelegenheit sollten Sie gleich nachlesen, was Sie zurzeit miteinander anfangen können und wie Ihre gemeinsame Zukunft aussieht. Denn auch darüber gibt das Traumprinzen-Spiel Auskunft!

# Die Prinzessinnen — Welche sind Sie heute?

Die neun berühmtesten Frauenfiguren im Märchen stehen für weibliche Charaktere und Lebenshaltungen. Sie bezeichnen typische Eigenarten. In jeder Frau ist ein bestimmter Typ von Märchenprinzessin vorherrschend. Doch im Laufe des Lebens kann sich das ändern. Die neun Prinzessinnen stehen auch für die Phasen, die jede Frau in ihrer Entwicklung durchläuft. Manchmal wechseln diese Phasen rasch. Manchmal halten sie lange an. Wenn auch nicht gerade hundert Jahre wie bei Dornröschen …

# 1 Dornröschen

Sie beherrschen eine seltene Kunst: Sie können warten. Auf die richtige Gelegenheit, auf den perfekten Augenblick, auf den richtigen Mann. Vielleicht müssen es nicht gerade hundert Jahre sein, wie bei Ihrem Vorbild Dornröschen. Aber genau wie diese Prinzessin schaffen Sie es, sich jungfräulich zart und unerweckt zu geben, bis die Zeit gekommen ist. Obendrein verfügen Sie noch über die Fähigkeit, sich mit Dornen zu schützen! Mit unsichtbaren, natürlich. Lange Zeit haben Sie das auch erfolgreich getan. Falls es Ihrer Aufmerksamkeit entgangen sein sollte: Zahlreiche Bewerber hängen bereits verdorrt in der Hecke. Jetzt aber ist die Zeit der Dornen vorüber. Sie können nicht länger Tiefschlaf vortäuschen. Sie werden so wach, wie Sie es nie zuvor im Leben waren. Spüren Sie nicht schon das Kribbeln? Ja, Sie werden geküsst! Vom Schicksal. Von der Liebe. Von Ihrem Traumprinzen. Vom großen Glück. Also, geben Sie große Feste auf Ihrem Schloss. Es ist Zeit zum Genießen!

# 2 Gretel

Sie erinnern sich: Gretel gab sich sittsam und bescheiden. Doch als es darauf ankam, schob sie eine komplette Hexe in den Backofen und labte sich anschließend ungerührt an deren Pfefferkuchen. Genauso sind Sie im Augenblick drauf! Sie können eine Menge vertragen. Und während Sie noch artig mit den Wimpern klimpern, hecken Sie bereits tollkühne Pläne aus. Sie haben eine gutmütige und warmherzige Ausstrahlung. Werte wie Heim und Familie bedeuten Ihnen etwas. Mancher Mann, der arglos mit Ihnen flirtet, hält Sie insgeheim für angenehm altmodisch. Dass Sie dabei leidenschaftlich und instinktsicher sind, dass Sie sogar kaltschnäuzig handeln können, wenn's darauf ankommt – das entgeht ihm zunächst. Aus dem Märchen wissen wir, dass Hänsel schlotternd aus dem Käfig kroch. Nicht, weil ihm die Furcht vor der Hexe in den Gliedern steckte. Sondern weil ihm die Tollkühnheit seiner Schwester Schauer über den Rücken gejagt hatte. In der jetzt beginnenden Phase Ihres Lebens können Sie jede Hexe ins Off schieben, jeden Kuchen ungestraft essen … und jeden Prinzen erobern, den Sie haben wollen.

# 3 Aschenputtel

Aschenputtel ist ein Symbol dafür, dass die Gerechtigkeit siegt. Und genau dieser Sieg ist jetzt bei Ihnen fällig. Endlich. Denn genau wie diese Märchenprinzessin haben Sie mehr Durchhaltevermögen an den Tag gelegt, als andere je aufbieten können. Sie haben bewiesen, dass Sie bereit sind, auch die düstersten Tiefen zu durchschreiten. Die dunklen Täler liegen hinter Ihnen. In allen Prüfungen haben Sie gezeigt, dass Sie tief fühlen, klar denken und besonnen handeln. Nicht immer, aber meistens. Sie haben stets darauf vertraut, dass es eine Gerechtigkeit gibt und dass Sie von irgendwoher Unterstützung bekommen. Das ist eingetreten. Und jetzt fahren Sie den Lohn ein. Endlich werden Sie als das erkannt, was Sie sind: eine Auserwählte. Aschenputtel konnte man in die scheußlichsten Lumpen stecken – ihre glanzvolle Noblesse schien doch immer durch. Bis sie schließlich in die angemessenen Roben schlüpfen durfte. So ist es auch bei Ihnen: Ihre natürliche Hoheit kommt jetzt zum Vorschein.

# Rapunzel

Das muss man Ihnen lassen: Sie wissen, wie man sich interessant macht! Turmhoch über allen Männern schweben, sich kurz am Fenster zeigen und die Locken drehen, sodass die Jungs unten in Ohnmacht fallen – solche Künste beherrschen Sie. Nicht zufällig hat Ihre Märchenzahl Sie heute zu Rapunzel gebracht, zu jener schönen Wilden, die nur Extremkletterer akzeptierte. Rapunzel ist ein Symbol des Stolzes, und auch Sie haben einen hohen Anspruch. Zu Recht. Aber noch etwas verbindet Sie mit dem Märchen: Rapunzel unterlag einem Zauber. Mit all ihrer strahlenden Schönheit war sie nicht ganz freiwillig auf dem hohen Turm. So ist das auch bei Ihnen: Sie haben etwas Strahlendes, sind zugleich unnahbar – und das keineswegs aus freien Stücken. Vielmehr ist es eine Art Schutz, den Sie aufgebaut haben, aus Furcht vor Verletzungen. Erst jetzt sind Sie so weit, diesen Schutz fallen zu lassen – für den, der es wert ist. Und da ist auch schon ein Traumprinz in Sicht! Kein Zweifel: Sie werden Ihr Haar herunterlassen. Ihn einlassen. Ach, übrigens: Kann sein, dass versehentlich eine alte Hexe hochklettert. Aber mit so was werden Sie locker fertig!

# 5 Sterntaler

Sie sind herzensgut. Sie sind mitfühlend, hilfsbereit, voller Seelenwärme. Dass Sie noch nicht den Friedensnobelpreis bekommen haben, liegt allein daran, dass Sie Ihre liebevolle Hingabe nicht in die Öffentlichkeit tragen. Es soll Leute geben, die wissen gar nicht, was für ein guter Mensch Sie sind! Andere jedoch nutzen es unbarmherzig aus. Aus Bosheit? Nein, weil Sie sie irgendwie dazu auffordern. Weil Sie sich gern mal ein bisschen ausnutzen lassen! Nichts brauchen Sie so sehr wie das Gefühl, gebraucht zu werden. Dafür geben Sie viel, wie Sterntaler. Die gab am Ende sogar alles – übrigens ohne ihre Hingabe zu bereuen oder dem Verlust nachzutrauern. Und wenn das Spiel Sie jetzt zu Sterntaler geführt hat, bedeutet das: Das schmollende Opferbewusstsein, das Sie unterschwellig gehegt haben, schwindet. Sie werden locker. Sie lösen sich leicht. Und siehe da, Ihr Geben bleibt nicht mehr nur einseitig. Sie bekommen alles und noch mehr zurück! Die Taler, die im Märchen vom Himmel regneten, sind ein Symbol für verdienten Segen. Für Glück.
Und genau das ist jetzt dran.

# 6 Rotkäppchen

Sie sind neugierig und verführbar. In der jetzigen Phase Ihres Lebens möchten Sie Ihre Blumen nicht nur im eigenen Garten pflücken. Niemals würden Sie auf einen bösen Wolf hereinfallen. Das nicht. Aber Sie spüren plötzlich ein kitzliges Interesse für undurchsichtige Typen. Offenbar sind Sie lange genug brav gewesen. Sie haben jedenfalls Lust auf Abenteuer. Ja, Sie lassen sich sogar auf Abwege locken. Sagen Sie, finden Sie, dass Werwölfe etwas Erotisches haben? Oder dass Männer mit leicht dämonischen Zügen abgründig interessant sind? Ja, das finden Sie. Leugnen ist zwecklos. Die Märchenzahl beweist es. Was bedeutet das für Ihre nahe Zukunft? Vermutlich essen Sie den Kuchen selbst, den Sie eigentlich ins kleine Waldhäuschen bringen sollten. Den Rotwein süffeln Sie sogar gemeinsam mit dem ungezähmten Kerl, den Sie unterwegs auf der grünen Wiese treffen. Und mit dem verabreden Sie sich auch noch für ein Stelldichein in Großmutters Himmelbett! Dass diese triebhafte Liebe Sie nur nicht verschlingt! Immerhin, Eines ist am Ende sicher: Das Schicksal meint es märchenhaft gut mit Ihnen.

# 7 Schneewittchen

Sie haben einen Appeal, neben dem Konkurrentinnen erblassen und von dem Männer schwärmen. Kein Wunder, dass Sie allerlei Intrigen erdulden mussten! Böswillige Neiderinnen und vergiftete Äpfel waren da noch die geringste Herausforderung. Doch Sie haben jedes Mobbing überstanden. Wahrscheinlich, weil Sie stets fair blieben – sogar zu kleinen Geistern. Bei Menschen, die sonst übersehen werden, entdecken Sie Qualitäten, die anderen entgehen. Beruflich sind Sie eine begnadete Teamworkerin, privat ein Genie der Freundschaft. Bei ihrem liebenswürdigen Flirtverhalten rechnen sich sogar Männer eine Chance aus, die vom Liebesgott wenig gesegnet sind. Das Märchen spricht von sieben Zwergen hinter sieben Bergen. Sieben ist die Glückszahl schlechthin. Allerdings bedeuten die sieben Berge auch, dass Sie schwer erreichbar sind, selbst wenn alle Spiegel nur von Ihrem Bild reden. Erreichbar sind Sie nur für den Einen, für den, na, Sie wissen schon. Wenn Sie heute also der Schneewittchen-Typ sind, kann das nur heißen: Es ist so weit. Sie können die Krone aufsetzen. Die Krone der Liebe. Sie leuchtet schon auf ihrem Haupt!

# Die Fee

Sie haben eine geheimnisvolle Aura. Sie verfügen über Zauberkraft. Andere spürten das immer schon, Sie selbst haben es geahnt, und jetzt tritt Ihre magische Macht offen zu Tage. Nicht zufällig ist Ihnen heute die Fee zugeordnet – jene unergründliche Frau, in deren Macht es steht, arglose Geschöpfe zu bannen, zu verzaubern, zu verwandeln. Sie sind so eine Frau. Einige Männer können bereits ein Lied davon singen. Wer Ihrem Blick begegnet, muss Ihrem Bann verfallen. Seien Sie gnädig, besonders mit schwächlichen Exemplaren! Ihre Augen können entlarven, Ihre Fragen bohren. Sie durchschauen viele und sind selbst kaum auszuloten. Ihr Vertrauen ist begrenzt, Ihr Stolz leicht verletzbar. Wer Ihrem Bannstrahl ausgesetzt ist, erholt sich nicht so leicht. Nie oberflächlich, stets abgründig, sind Ihnen in der jetzt beginnenden Phase Ihres Lebens nur wenige Prinzen ebenbürtig. Vielleicht nur ein einziger. Der aber erlebt Ihre verwandelnde Kraft. Und mit ihm erkunden Sie zauberische Reiche der Liebe und der Leidenschaft, die weniger begnadeten Naturen für immer verschlossen bleiben. Viel Spaß!

# Rosenrot

Rosenrot ist das Sinnbild der Leichtigkeit und unbeschwerten Freiheit. Im Märchen hat dieses sorglose Geschöpf auch eine Schwester: Schneeweißchen. Doch während Schneeweißchen daheim bei Muttern sitzt und artig im Haushalt hilft, springt Rosenrot in den Wiesen und Feldern umher, sucht Blumen und fängt Sommervögel. Der eine oder andere Sommervogel wird wohl ein Jüngling gewesen sein. Und warum hat Ihre Märchenzahl ausgerechnet Sie heute zu Rosenrot gebracht? Klar: Weil Sie eine Frau sind wie eine Sommerbrise! Wer Sie einfangen will, wird es schwer haben. Einer engen Bindung ziehen Sie die Freiheit vor, spätestens ab jetzt. Denn genau jetzt kommt Ihr wildes Rosenrot zum Vorschein. Sie kennen hoffentlich jemanden, der bei Ihnen zu Hause Staub saugt und Fenster putzt? So eine Art Schneeweißchen? Ausgezeichnet! Dann können Sie unbekümmert um die Häuser ziehen. Im Märchen trifft Rosenrot übrigens einen Bären, in dessen Fell ein Prinz steckt: Symbol des wilden und zugleich sanften Mannes, der für allerlei Abenteuer gut ist. Also los!

# Die Prinzen – Welcher sind Sie heute?

Die neun berühmtesten Männerfiguren im Märchen stehen für männliche Charaktere und Lebenshaltungen. Sie kennzeichnen typische Eigenarten. In jedem Mann ist ein bestimmter Typ von Märchenprinz vorherrschend. Doch im Laufe des Lebens kann sich das ändern. Die neun Prinzen stehen auch für die Phasen, die jeder Mann in seiner Entwicklung durchläuft. Manchmal wechseln diese Phasen rasch. Manchmal halten sie lange an. Dann hockt ein Mann ewig wie ein unerlöster Frosch im Sumpf …

# 1 Der Königssohn

Willkommen in der Welt der Schonbezüge und des edlen Scheins! Ihr Leben steht jetzt unter dem Zeichen der Königssöhne. Ja, Sie selbst sind ein Königssohn! Doch was bedeutet das eigentlich? Was sind das für Typen, die ein Schneewittchen aus dem Kasten heben, ein schlafendes Dornröschen küssen oder ein Aschenputtel heiraten? Sind es starke Männer? Nein. Es sind Männer, die starke Frauen brauchen – und bekommen. Es sind eben keine Könige, sondern Söhne von Königen und vor allem von Königinnen. Verwöhnte Jungs, die vom Leben geschont werden möchten. Die es als Zumutung betrachten, wenn sie eine Glühbirne einschrauben oder sogar Verantwortung übernehmen sollen. Genau wie Sie. Okay, über eine Dornenhecke klettern ist vielleicht auch noch drin. Aber so richtig anpacken möchten Sie nicht. Jedenfalls nicht freiwillig. Brauchen Sie ja auch nicht! Denn Ihre starke Frau packt an. Oder viel wichtiger: Sie sagt Ihnen, wo Sie anpacken sollen! Und Sie gehorchen. Sie sind sogar dankbar. Schön, nicht? Falls so eine Traumprinzessin noch nicht Ihr Leben regelt, seien Sie getrost: Sie ist ganz nah. Sie wird exakt so streng sein, wie Sie es brauchen. Und manchmal ist sie auch lieb und legt Ihnen Märchenplatten auf. Willkommen im Palast!

# Hänsel

Na, junger Mann? Orientierungslos? Schon wieder verirrt? Macht nichts. Der dunkle Wald des Märchens ist ein Symbol der unbekannten Gefühle. Da darf man gern ein bisschen herumirren, vor allem, wenn man so jung ist wie Sie. Oder sehen Sie nur so aus? Na, jedenfalls sind Sie gerade erst dabei, Ihre tiefsten Gefühle kennen zu lernen. Ihre Seele zu erforschen. Und reif zu werden. Hänsel ist der Inbegriff eines Jünglings, der durch Prüfungen und Verlockungen geht und dabei erwachsen wird. Ach, vom verbotenen Pfefferkuchen haben Sie bereits genascht? Und waren anschließend erstaunt, dass Sie nicht weglaufen konnten, sondern im Käfig saßen? Dann haben Sie schon eine wichtige Lektion hinter sich: Nichts ist umsonst. Schon gar nicht die selbstgemachten Leckerbissen einer Frau. Zugreifen und dann abhauen – das funktioniert nicht. Ein Mann, der das versucht, wird gegrillt, bis er sich vorkommt wie im Backofen einer Hexe. Aber das wissen Sie ja inzwischen. Und wenn Sie nun, gut gereift, aus dem Käfig Ihres Egoismus steigen, dann als ein treuer, fügsamer, ritterlicher Mann. Dann sehen Sie den Weg aus jedem Dickicht. Und die Traumprinzessin, die das Glück Ihrer Liebe genießt, braucht nicht mehr zu kämpfen. Endlich sind Sie zur Partnerschaft bereit.

# 3 Froschkönig

Sie haben schon eine Weile in der Grütze gesessen! Und immer noch gibt es Frauen, die halten Sie für einen Frosch. Die ahnen nicht, was in Ihnen steckt. Unglaublich! Aber Sie können ja tatsächlich täuschend echt quaken. Und Sie beherrschen die Kunst, anderer Leute Nachtruhe zu stören. Auch können Sie blitzschnell wegtauchen, wenn jemand Sie fangen will – eine Frau zum Beispiel. Dabei warten Sie doch auf eine Frau! Ja, ja, aber Sie sind scheu. Und Sie reden sich ein, dass es nur die Eine sein kann, die Traumprinzessin! Die soll Sie erlösen aus Ihrem Sumpf. Und zwar freiwillig. Und widersprechen soll sie auch nicht. Sorry, Bullfrog, diese Frau gibt es nicht! Es wird eine kommen, ja. Das verheißt Ihre Märchenzahl. Da tänzelt schon eine herum um Ihren Brunnen. Die wird so tun, als habe sie etwas verloren oder als brauche sie Hilfe. Und Sie werden ihr helfen. Aber schon entzieht sie sich wieder. Wie im Märchen. Und Sie, der Sie sehnsüchtig auf Erlösung warten, müssen selbst in die Puschen kommen und ihr nachwatscheln. Ja, doch, Sie haben ein Recht auf Ihre Traumprinzessin! Aber Sie müssen dieses Recht durchfechten. Müssen selbst für Ihr Glück sorgen. Raus aus dem Loch!

# 4 Das tapfere Schneiderlein

Unter den Märchenhelden ist das Schneiderlein der Kampfkünstler, der keine Waffen braucht. Der Ninja-Fighter. Man sieht ihm seine Stärke nicht an. Flink, wendig, listig nutzt dieser selbstbewusste Kerl die Kraft seiner Gegner. Ohne sich einen Kratzer zu holen, besiegt er Riesen und Ungeheuer und bekommt zum Lohn eine Prinzessin und das halbe Königreich dazu. Das alles passt zu Ihnen. Mut und Einfallsreichtum, Frechheit und Cleverness: Diese lange schlummernden Begabungen blühen nun voll auf bei Ihnen – und machen sich prompt bezahlt. Den ökonomischen Energieeinsatz beherrschten Sie ja von jeher. Nun werden auch andere auf Sie aufmerksam. Leute, die bislang kaum etwas für sie übrig hatten, staunen und kratzen sich am Kopf. Frauen erwärmen sich und erröten hold. Ja, Sie sind ein gewitzter Abenteurer. Einer, der loszieht, ohne sich absichern zu müssen. Einer, der nimmt, was kommt. Der seinen Einsatz gegen alle Wetten wagt und dann gewinnt. Der heldenhafte Schneider ging keinen geraden Weg. Er folgte den unerwarteten Biegungen des Lebens. Er vertraute auf den Gang der Dinge. Und wurde belohnt. Wie Sie! Ja, Sie haben Prinzessin plus Königreich verdient!

# 5 Hans im Glück

Heute wie Sie werden gelegentlich belächelt – und zugleich beneidet. Denn Sie verfügen über das Talent, glücklich zu sein. Egal, was geschieht. Sie haben etwas begriffen, was viele bis zum Ende ihrer Tage nicht kapieren: dass es keineswegs darauf ankommt, anzuhäufen und festzuklammern. Sondern loszulassen. Sie können das. Zumindest von jetzt an. Denn genau jetzt, in dieser Phase Ihres Lebens, sind Sie zum Freiheitshelden unter den Märchenprinzen geworden! Sie erinnern sich doch? An diesen romantischen Optimisten? Der gute Hans bekommt einen Goldklumpen. Der Klumpen wird ihm auf dem Weg nach Haus zu schwer. Er tauscht ihn gegen ein Pferd, das Pferd bald gegen eine Kuh, die Kuh dann gegen ein Schwein, das Schwein gegen eine Gans, die Gans gegen einen Schleifstein, und als er den auch noch loswird, ist er am Ziel: zu Hause, „mit leichtem Herzen und frei von aller Last". Müssen Sie Ihr Konto auflösen? Nein. Gemeint ist etwas anderes: Während andere die Mittel zusammenkratzen, um irgendwann glücklich zu werden, haben Sie die Begabung, das Glück schon hier und jetzt zu erleben. Ohne Ballast. Zu Hause im eigenen Herzen. Selbst die Suche nach einer Traumprinzessin ist Ihnen kein großes Anliegen. Sich leicht zu fühlen und frei das Leben zu genießen – das ist Ihr Ding. Schön, dass es so etwas noch gibt!

# Der Wolf

Wahrlich, Sie sind ein Märchenprinz von der rauen Sorte! Wenn es auch auf den ersten Blick nicht zu erkennen ist. Zeigen Sie mal Ihre Pfoten! Ja, ja, Sie verkleiden sich gut. Sie verstellen sich. Sie geben sich harmlos. Sie fressen Kreide und säuseln sanft, während Ihnen das Wasser im Munde zusammenläuft. Muss man die Frauen vor Ihnen warnen? Nein, denn dann würden die ja erst recht zu Ihnen eilen. Aber die jungen Mädchen … All die lieben Geißlein, rosigen Schweinchen und natürlich das Rotkäppchen sind ja nur Sinnbilder für unverdorbene weibliche Geschöpfe, die dringend vor einem Gesellen wie Ihnen geschützt werden müssen. Tun Sie nicht so brav! Sie sind ein Casanova. Das kommt jetzt zum Vorschein. Ein richtiger Wüstling steckt in Ihnen. Ein Verführer, der mühelos in verschiedene Rollen schlüpft und sich notfalls ins Bett einer Großmutter legt, um die Enkelin zu erobern. Immerhin, Sie wissen, was Sie wollen. Sie sind zielorientiert. Und Sie haben einen guten Appetit. Mehr noch: Sie haben ein wildes Herz. Sie sind ungebändigt, leidenschaftlich und lebensfroh. Wer mit Ihnen umzugehen weiß, und kluge Frauen beherrschen diese Kunst, kann jetzt jede Menge Spaß mit Ihnen haben.

7

# König Drosselbart

Manche Jungfer zart wünscht sich einen König Drosselbart. Einen, der nicht unbedingt schön ist, aber reich. Und das war der Drosselbart im Märchen. Und nun sind Sie es: schön reich. Oder teilen Sie mit Drosselbart etwa nur die dritte auffallende Eigenschaft? Seine Schulmeisterei? Sie wissen doch: Als Traumprinz war Drosselbart abgewiesen worden. Dann kehrt er als Bettler verkleidet zurück, um die widerspenstige Frau zu belehren. Er lässt sie grobe Arbeiten machen und Körbe flechten. Er zerstört das Geschirr, das sie für ihn verkaufen soll. Und nimmermüde weist er darauf hin: Siehst du, das müsstest du nicht erleiden, wenn du gleich dem König Drosselbart gefolgt wärest! Am Ende, als sie demütig geworden ist, offenbart er, dass er selbst der König ist. Toller Typ. Und Sie sind so einer? Einer, der immer alles besser weiß und anderen Lektionen erteilt? Der seine Frau gern kopfschüttelnd belehrt? Sagen wir: Ja, das kommt vor. Gerade jetzt! Aber Drosselbart wollte sich an der Frau rächen. Und so etwas ist Ihnen völlig fremd. Sie haben ja auch keinen äußeren Makel wie er. Nein, Sie sind schön. Und Sie haben die beste Eigenschaft mit ihm gemein: Sie sind reich. Rücken Sie mal was raus!

# 8 Rumpelstilzchen

Jeder, der Sie kennt, hat es geahnt: In Ihnen wohnt ein Rumpelstilzchen. Ein Kobold. Ein Magier. Ein kraftstrotzender Wüterich. Sie wissen doch, dass Sie gemocht werden? Niemand hat etwas gegen Sie! Im Gegenteil. Man wäre sogar bereit, den eigenen Kopf zu öffnen und etwas Stroh herauszunehmen, damit Sie es zu Gold spinnen. Denn das können Sie ja: Stroh zu Gold spinnen. Was auch durch Ihre Hände geht, das können Sie vergolden. Erstens sind Sie ein Alchemist – also einer, der Materie in Geist verwandeln kann und umgekehrt. Und zweitens ein Verkaufsgenie. Beide Begabungen kommen spätestens jetzt bei Ihnen zum Vorschein. Unter den Märchenprinzen sind Sie der lukrativste. Doch Sie sind auch ein Eigenbrötler. Einer, der wie Rumpelstilzchen gern abseits ums Feuer tanzt und geheime Dinge treibt. Der unerkannt bleiben will. Damit ist jetzt Schluss! Sie werden erkannt. Von einer Frau. Vielleicht wird es Ihnen sogar vorkommen, als würde es Sie zerreißen. Denn Ihre Ära als Geheimniskrämer und Poltergeist geht zu Ende. Was bleibt, ist Ihre Wahnsinns-Energie. Ihre verwandelnde Kraft. Ihre Fähigkeit, Grobes in Feines zu verwandeln. Was zum Vorschein kommt, ist pures Gold: Ihr Herz, das Sie zum Traumprinzen macht.

# Der gestiefelte Kater

Der gestiefelte Kater ist der Stratege unter den Märchenhelden. Er weiß, was er will. Und er bekommt, was er will. Die anderen unterschätzen ihn, weil er ein Außenseiter ist. Seine Stiefel allerdings lassen erkennen, dass er auftreten kann – und dass er entschlossen ist, seinen Weg zu gehen. Er geht ihn und er hat staunenswerten Erfolg. Warum wohl hat Ihre Märchenzahl Sie zu diesem klugen und gewitzten Meister gebracht? Weil gerade jetzt, in dieser wundersamen Phase Ihres Lebens, Schluss ist mit dem Herumwursteln. Der gestiefelte Kater ist der zielstrebigste aller Märchenhelden. Er hat seine Vision und er folgt ihr. Und genau das tun Sie jetzt auch. Der Enthusiasmus kribbelt schon in Ihren Nervenbahnen. Er macht Sie kühn. Sie nehmen in Kauf, dass andere unken und den Kopf wiegen. Sie haben keine Zeit für Bedenkenträger. Sie fällen die Entscheidung, die Sie lange aufgeschoben haben. Sie wischen beiseite, was Sie hindert, und lassen zurück, was Sie stört. Sie brechen auf. Und auf einmal merken Sie, welchen Zuwachs an Energie das bringt, welchen Schub an Erotik und Charisma. Der gestiefelte Kater ist nicht nur der Inbegriff der schneidigen Siegesgewissheit, sondern auch der Liebeskraft. Viel Vergnügen!

# Die Begegnungen – Wer trifft wen?

Alle wissen, dass Rotkäppchen mit dem Wolf geflirtet hat. Und dass der Königssohn direkt durchs Fenster zu Rapunzel stieg. Doch wie ging es zu, als Hänsel sich in die Fee verliebte? Als Aschenputtel den gestiefelten Kater traf? Vor allem: Wie ist es heute, wenn eine tatkräftige Frau vom Typ Gretel sich in einen Mann wie Hans im Glück verliebt? Wenn Schneewittchen ihr Herz an einen Wolf verliert? Was tut Rosenrot, falls ein Froschkönig an die Tür klopft? Jede Verbindung ist möglich. Jede Begegnung kann stattfinden. Der Ausgang ist oft verblüffend.

| 5. Hans im Glück ♛ | 6. Der Wolf ♛ | 7. König Drosselbart ♛ | 8. Rumpel-stilzchen ♛ | 9. Der gestiefelte Kater ♛ |
|---|---|---|---|---|
| S. 32 | S. 32 | S. 33 | S. 33 | S. 34 |
| S. 36 | S. 37 | S. 37 | S. 38 | S. 38 |
| S. 41 | S. 41 | S. 42 | S. 42 | S. 43 |
| S. 45 | S. 46 | S. 46 | S. 47 | S. 47 |
| S. 50 | S. 50 | S. 51 | S. 51 | S. 52 |
| S. 54 | S. 55 | S. 55 | S. 56 | S. 56 |
| S. 59 | S. 59 | S. 60 | S. 60 | S. 61 |
| S. 63 | S. 64 | S. 64 | S. 65 | S. 65 |
| S. 68 | S. 68 | S. 69 | S. 69 | S. 70 |

## 11 Dornröschen trifft den Königssohn

Sie hat bereits Erfahrung mit abgesagten Hochzeiten und bösen Feen. Er nur mit seiner Mutter. Sie stellt sich unschuldig. Er ist naiv. Sie möchte erweckt werden. Er ist zum Kuss bereit, nur ist er ein bisschen ungeschickt. Und wenn sie dann wirklich wach wird, erschrickt er. So eine putzmuntere, energiegeladene, aktive Frau hat er nicht erwartet. Obwohl: Seine Mutter hat ihm auch immer gesagt, was er tun sollte. Na schön. Wenn sie ihm ab und zu bestätigt, dass er ihr Traumprinz ist, wird er ein großartiger Diener.

## 12 Dornröschen trifft Hänsel



Sie hat Ansprüche. Er ist gewohnt von Brosamen zu leben. Sie sehnt sich nach Komfort und Dolce Vita. Ihm reicht es, ab und zu Pfefferkuchen zu naschen. Er ist genügsam und nur anfangs bereit, für seine Traumprinzessin tiefer in die Tasche zu greifen. Mit der Zeit wird er sparsam. Sie ist zwar zu Beginn von seiner Geradlinigkeit und seinem derben Charme fasziniert. Mit der Zeit jedoch kommt er ihr etwas unkultiviert vor. Ihm wiederum erscheint sie oberflächlich. Die Beziehung hat anfangs Kraft und dünnt dann aus.

## 13 Dornröschen trifft Froschkönig

Sie möchte geküsst werden. Er auch. Perfekt? Beinahe. Denn jeder hofft auf den anderen. Jeder sehnt sich und möchte erlöst werden. Der andere soll den ersten Schritt tun. Beide warten. Kann daraus etwas werden? Ja – denn Dornröschen spürt, dass es Zeit ist zum Erwachen. Sie räkelt sich verführerisch. Und er hat lange genug im Sumpf gehockt. Sobald sie das leiseste Zeichen gibt, kommt er angewatschelt. Zum Schein zögert sie die Sache noch hinaus. Dann klappt es. Und wie! Bei diesen Leidgeprüften ist lange Haltbarkeit garantiert.

## 14 Dornröschen trifft das tapfere Schneiderlein

Er ist ein dreister Eroberer, sie eine niveauvolle Langschläferin. Er rüttelt sie ein bisschen zu heftig wach, doch das verzeiht sie nach erstem Widerstand. Denn eine selbstbewusste Frechheit blitzt ihm aus den Augen, und gerade ihr als sittsamer Prinzessin gefällt das leicht Verbotene daran. Er weckt ihre Aufsässigkeit, ihre unterdrückte Abenteuerlust, sogar ihre lasterhaften Seiten. Unbekümmert um Konventionen und Gerede, haben die beiden viel Spaß. Vielleicht reißen sie sogar zusammen aus. Auf jeden Fall verjüngen sie einander und könnten ein Traumpaar werden.

## 15 Dornröschen trifft Hans im Glück

Er ist bereit sie wachzuküssen, doch mehr nebenbei, im Vorübergehen. Er will nicht in ein Schloss ziehen, nicht mal in eine Villa, selbst eine Familiengründung findet er überflüssig. Ja, er braucht noch nicht einmal eine Frau. Jedenfalls keine, die ihn dafür tadelt, dass er einst einen Goldklumpen weggegeben hat, um leichter zu leben. Ihr Sicherheitsbedürfnis ist weit höher als seines. Deshalb können die beiden schön leichtsinnige Urlaubswochen miteinander verbringen. Für eine Lebensgemeinschaft ist die Basis eher schmal.

## 16 Dornröschen trifft den Wolf



Er nimmt Witterung auf. Sie ist kribbelig – und er spürt es. Sie will nicht länger in weichen Kissen schlummern. Sie will raus. Und wenn kein artiger Prinz kommt, nimmt sie einen unartigen. Einen, vor dem sie innerlich erschauert. Einen Wüstling. Und so einer ist er. Vielleicht nicht auf den ersten Blick. Er kann sich herrlich harmlos geben. Aber eine wohlerzogene Königstochter merkt sofort, was da für eine ungezähmte Energie vibriert! Und der kann sie nicht, will sie nicht widerstehen! Es geht ab! Fragt sich nur, wie lange.

## 17 Dornröschen trifft König Drosselbart

Sie ist genau die zarte Jungfer, die ein geborener Lehrer wie er gern unterrichtet. Er möchte sie in die Geheimnisse des Lebens einführen, auch des Liebeslebens. Dafür soll sie stets dankbar und gehorsam sein. Anfangs ist sie das auch. Er weckt Seiten in ihr, die andere übersehen haben. Er nimmt sie ernster, als andere es tun. Er fordert mehr von ihr – und tatsächlich bringt das ihre Fähigkeiten erst zum Vorschein. Irgendwann jedoch hat sie das Gefühl, genug belehrt worden zu sein. Sie will ein bisschen Unsinn machen. Bis dahin geht's gut.

## 18 Dornröschen trifft Rumpelstilzchen

Dieser Mann weckt Dornröschen sofort. Nicht unbedingt durch einen Kuss. Eher durch einen Tritt. Denn dieser Knaller von einem Prinzen hat alles, außer Geduld. Er hat Power, er hat Feuer, er hat Saft. Er weiß, wie man Stroh in Gold verwandelt. Doch Rücksicht ist nicht seine Stärke. Die empfindsame Prinzessin findet das anziehend. Aber auch unheimlich. Sie sieht eine Glut in seinen Augen, der sie sich nicht gewachsen fühlt. Sie hält ihn auf Abstand. Das macht ihn rasend. Wird sie je erfahren, dass er in Wahrheit ein lieber Kerl ist?

## 19 Dornröschen trifft den gestiefelten Kater

Dieser Prinz wirkt leicht verkatert, aber das täuscht. Er verfügt über den sechsten Sinn. Wenn eine Prinzessin ihre Dornenhecke lockert, kriegt er es als Erster mit. Und er ist als Erster zur Stelle. Er weiß, was er will: sie! Und er ist so geschickt, dass sie sich kaum zu überlegen traut, ob sie auch ihn will. Er ist der Typ, der junge Herzen zu Fall bringen kann, von Körpern ganz zu schweigen. Sie ist zu unerfahren, um ihn richtig einzuschätzen. Auch gut! Dann macht sie eine neue Erfahrung – und weiß hinterher, was sie will!

## 21 Gretel trifft den Königssohn



Ach, diese Königssöhne! Sie sind ja schick, aber auch weichlich. Gretel zeigt sich gern mal mit einem Exemplar dieser Gattung. Er wiederum ist beeindruckt von ihrer saftigen Präsenz. Im Leben, spürt er, findet sie sich besser zurecht als er. So ganz ist das mit seinem Selbstbewusstsein nicht vereinbar. Zumal sie auch noch mehr Leidenschaft an den Tag legt, als er vertragen kann. Die beiden können kurzfristig voneinander fasziniert sein. Auf Dauer ist der Bedarf an Kompromissen auf beiden Seiten zu groß.

## 22 Gretel trifft Hänsel

Er spürt sofort: Diese Frau ist gut für ihn. Sie weiß, wo es langgeht. Wenn er zur Orientierung Krümel auf den Weg streut, nimmt sie es mit Humor. Sie packt ihn an der Hand und nimmt ihn mit. Ein bisschen kommt er sich neben ihr vor wie Hänschen klein. Er muss sich Mühe geben, als Mann aufzutreten. Sie ist so handfest und instinktsicher, dass ihn das Gefühl beschleicht, sie brauche ihn nicht wirklich. Doch sie ist anhänglich. Und er fühlt sich wohl. Achtung: Mit seiner Mutter kann es Schwierigkeiten geben, besonders in Ofennähe.

## 23 Gretel trifft Froschkönig

Er kommt sich verzaubert vor. Er meint, es stecke ein echter Traumprinz in ihm. Und nur eine ganz besondere Frau könne den hervorlocken – so besonders, dass es sie vielleicht nicht gibt. Er pflegt sein Selbstmitleid. Doch jetzt ist da diese Gretel. Ohne Flausen herzt sie ihn. Ohne Umstände benennt sie, was los ist: Sie findet ihn nicht verzaubert, sondern verklemmt. Aber sie sei bereit, diesen Fehler zu beheben. Soll er sich auf diese Ebene herablassen? Auf die Ebene der Wirklichkeit?
Er zaudert. Sie nicht. Das bekommt ihm gut.

## Gretel trifft das tapfere Schneiderlein

Sie sind voneinander fasziniert. Er bewundert ihre unerschrockene Tatkraft. Sie seinen Mut, der weder vor Autoritäten noch vor Stärkeren Halt macht. Zusammen ergeben sie ein abenteuerliches Paar. Mit der Zeit jedoch fühlt er sich beaufsichtigt. Sie pocht auf Vernunft, etwa in finanziellen Dingen. Auch kann sie seine innere Unruhe nicht nachvollziehen. Es scheint, als wolle er immer weg. Gemütlichkeit entsteht da nicht, auch wenn sich beide bemühen. Durch diese Beziehung pfeift der Wind. Man kann es erfrischend nennen.

## Gretel trifft Hans im Glück



Er hat eine Leichtigkeit, nach der sie sich sehnt. Sie spürt seine innere Unabhängigkeit. Was ihr wertvoll ist – Zuverlässigkeit, Willenskraft, Verbundenheit –, scheint er nicht zu brauchen. Sie möchte wissen, wo sie zu Hause ist. Ihm scheint das gleichgültig zu sein. Doch die Zufriedenheit, die aus seinen Augen leuchtet, zieht sie an. Er wiederum spürt ihre Güte und ihre heilende Kraft. Die beiden flirten vergnügt. Soll etwas Längeres daraus werden, muss sie den Pflock einschlagen und für Ordnung sorgen. Er lässt es sich gefallen.

## 26 Gretel trifft den Wolf

Sie ist geradlinig, handfest und treu. Für Männer, die sich verstellen, hat sie nichts übrig. Und genau so einen Mann wittert sie unterm Wolfspelz. Tatsächlich ist er ein Prinz mit Spaß an schwarzem Humor und undurchsichtigen Spielen. Er jongliert und trickst. Sie fällt nicht drauf rein. Gerade das zieht ihn an. Ihre Unbeirrbarkeit reizt ihn. Seine erhöhte Aufmerksamkeit wiederum schmeichelt ihr. Lässt er sich am Ende zum gutherzigen Mustermann bekehren? Nein. Aber im Flirtstadium gibt er überzeugend den Traumprinzen ab. Möge es eine Weile währen.

## 27 Gretel trifft König Drosselbart

Sie ist tüchtig. Er ein Mann, der es zu etwas bringt. Sie kennt den Wert der Dinge. Er ist statusbewusst. Eine gute Kombination. Beide haben etwas übrig für irdische Freuden, für den gut gedeckten Tisch, den weiten Blick aufs eigene Grundstück, für Kaminfeuer und weiche Kissen. Er hat etwas Erzieherisches, doch sie ist nachsichtig. Wenn sie will, gewinnt sie jeden Streit. Aber sie will gar nicht. Sie ist dankbar, wenn das Leben komfortabel in ruhigen Bahnen verläuft. Ein rauschhafter Flirt? Diesmal nicht. Aber lange Freude.

## 28 Gretel trifft Rumpelstilzchen

Eine knisternde Begegnung! Das Rumpelstilzchen reizt an Gretel die artige Bescheidenheit. Gretel wiederum schätzt am Rumpelstilz die anarchische Energie. Er freut sich auf ihre gut geerdete Sinnlichkeit. Sie auf sein wildes Feuer. Kurzfristig kann es zu vulkanischer Heftigkeit kommen. Auf Dauer erweist sich Gretel als unabhängiger und selbstbewusster, als der Rumpelstilz gedacht hat. Und sie findet ihn etwas unerwachsen und geheimniskrämerisch. Damit die Sache hält, übernimmt sie das Zepter. Er darf rumpeln und Feuer speien, solange er ansonsten tut, was sie sagt.

## 29 Gretel trifft den gestiefelten Kater

Er ist ein begnadeter Aufsteiger. Sie eine glänzende Managerin. Er hat die Vision, sie den klaren Blick für die Realität. Sie bremst, wo es geboten scheint, ermutigt, wo er zweifelt, und gibt ihm einen Tritt, wenn es mal nötig ist. Die beiden können die erstaunlichsten Projekte verwirklichen. Wenn sie flirten, funkelt es in ihren Augen. Sie sind beide auf Gewinn aus. Sie für ihre Sicherheit, er aus Spaß an Prachtentfaltung. Nutzen Sie einander aus? Naja, ein bisschen. Aber sie tun es gern und zum beiderseitigen Vergnügen.

## Aschenputtel trifft den Königssohn

Eine hübsche Verbindung. Natürlich ist er ein bisschen weichlich, aber man kann ihn vorzeigen. Sie ebenfalls: Sie scheint liebreizend und feminin, ist jedoch tough. Sie lässt ihm großzügig den Vortritt. Er darf so tun, als sei er weltgewandt und könne das Leben erklären. Wie es wirklich funktioniert, weiß nur sie. Denn sie hat mehr erlebt – und im Gegensatz zu ihm weicht sie Schwierigkeiten nicht aus. Er bewundert sie dafür. Und wenn die Sache länger währt, wird er an ihrer Seite sogar erwachsen.

## Aschenputtel trifft Hänsel

Beide kennen sich in den Niederungen des Lebens aus. Er ist froh, dass er heil davongekommen ist. Sie hat Höheres im Sinn. Er will sich nach den Anstrengungen mal richtig ausruhen. Sie hat durch den Stress erst den richtigen Kick gekriegt. Sie will jetzt loslegen und ganz oben mittanzen. Tatsächlich hat sie das Zeug dazu – während ihm es reicht, auf rechtschaffene Weise sein Geld zu verdienen. Sie möchte Glamour. Den kann er nicht liefern. Er ist ein handfester und ehrlicher Typ. Später wird sie sich sehnsüchtig an ihn erinnern.

## Aschenputtel trifft Froschkönig

Sie weiß, sie muss viele Frösche küssen, bevor sie ihren Prinzen findet. Und sie scheut keineswegs davor zurück. Sie hat schon ganz andere Aufgaben erledigt. Er ist dankbar. Sie ist diejenige, die ihn aus seiner dumpfen Einsamkeit erlöst. Er jauchzt. Er schwebt. Jedoch nicht allzu lange. Denn sie schont ihren Partner so wenig wie sich selbst. Wenn er nach alter Gewohnheit träge herumwatscheln will, knallt sie ihn gegen die Wand. Und siehe da, das tut ihm gut! Er läuft mit ihr zu großer Form auf. Er ist ihr Traumprinz. Und sie die Queen.

## Aschenputtel trifft das tapfere Schneiderlein



Was andere nicht erkennen, sieht sie sofort: dass Großes in ihm steckt. In ihm steckt ein Gewinner und ein cleverer Witzbold obendrein. Er ist nicht ganz der strahlende Held, den sie sich erträumt hat. Doch er ist pfiffig und lebenstüchtig und genau der Typ, dem selbst in ausweglosef Lage noch ein genialer Ausweg einfällt. Er ist unsteter, als ihr recht ist, und risikofreudiger als nötig. An Bindungswillen hingegen mangelt es ihm. Doch die beiden eint Witz und Charme. Ihr Flirt wird immer neu erfrischt. Sie erleben köstliche Abenteuer.

## 35 Aschenputtel trifft Hans im Glück

Sie will nach oben, er ist mit wenig zufrieden. Sie ahnt, dass das Leben ihr mehr und Besseres zu bieten hat. Er ist überzeugt, dass es nichts Besseres gibt als inneren Frieden. Für eine Weile ist sie fasziniert von seinem lässigen Gleichmut. Liebe und Leben scheinen leicht mit ihm. Doch auf Dauer stört sie sein Mangel an Ehrgeiz. Ihren Wunsch nach Aufstieg und gesellschaftlicher Anerkennung nimmt er mit Kopfschütteln zur Kenntnis. Einem lustigen Stück des Weges folgt die Trennung in guter Freundschaft.

## 36 Aschenputtel trifft den Wolf

Sie kann viel vertragen. Und das ist gut, denn dieser ungehobelte Prinz erfordert einiges an Toleranz. Seine Widerborstigkeit stört sie nicht. Im Gegenteil, sie entdeckt darin einen gewissen Appeal. Er ist der einsame Wolf, dem noch der Wind der Steppe durchs Haar weht. Er hat etwas Getriebenes, das eine Frau, die Linsen aus der Asche lesen musste, sofort versteht. Seine Heimatlosigkeit rührt sie. Die beiden entdecken eine Wesensverwandtschaft. Die Gefühle gehen bald tiefer, als der anfangs raue Flirt vermuten lässt.

## Aschenputtel trifft König Drosselbart

Es gibt Prinzessinnen, denen ist keiner gut genug. Sie verbittern früh. Nicht Aschenputtel. Hochmut ist ihr fremd. Sie hat den Stolz, der aus wahrem Selbstwertgefühl entspringt. Mit einem notorischen Rechthaber wie Drosselbart kann sie großartig umgehen. Er ist der Typ, der Frauen gern belehrt. Sie nimmt das hin. Sie lernt gern. Besonders von einem Mann, der seine Schülerin reich belohnt. Und das tut der König Drosselbart. Wenn er eine Frau bewundert, wird er zum Gönner. Das ist hier der Fall. Die beiden sind ein gutes Herrscherpaar.

## Aschenputtel trifft Rumpelstilzchen



Aschenputtel ist die Frau, die so viel ausgefochten und erduldet hat, dass sie keinen Rumpelstilz mehr braucht. Dieser Außenseiter unter den Prinzen erinnert sie an längst überwundene, karge alte Zeiten. Und aus einer gewissen Wehmut heraus kann es sogar sein, dass sie sich auf ihn einlässt. Er ist ewig unverstanden, wie sie einst war. Aber jetzt ist sie es nicht mehr. Jetzt spielt sie ganz oben mit. Und nach kurzer Zeit findet sie den kauzigen Kerl eher hinderlich. Ein kurzer sentimentaler Flirt – ja. Mehr lieber nicht.

## Aschenputtel trifft den gestiefelten Kater

Sie hat mehr in sich, als sie bislang zeigen durfte. Er will weit mehr erreichen, als die meisten zu träumen wagen. Ein Blicktausch genügt – und die beiden erkennen einander. Es knistert. Es ist, als würden sie zueinander geschoben von einer höheren Macht. Sie sind das Paradebeispiel dafür, was möglich ist, wenn zwei Partner einander schätzen und achten und dasselbe Ziel haben. Die beiden inspirieren und beflügeln einander. Sogar wenn sie streiten, kommt etwas Kreatives dabei heraus. Ein kurzer Flirt, eine lange Liaison.

## Rapunzel trifft den Königssohn

Die Klatschpresse jubelt: ein Traumpaar! Und wirklich könnten die beiden unbegrenzt Spaß haben, wenn er sich nur aufraffen könnte, Rapunzels Turm zu erklimmen. Doch ungewohnte Mühen sind nicht sein Ding. Kann sie nicht an ihrem eigenen Haar runterklettern? Mit dergleichen Spitzfindigkeiten beginnen die feinen Probleme in dieser eigentlich idealen Besetzung. Beide haben einen hohen Anspruch – natürlich vorwiegend an den anderen. Über vieles ist man wortlos einig. Nur nicht darüber, wer wie viel tun sollte.

## Rapunzel trifft Hänsel

Er legt sich ins Zeug, um eine Traumprinzessin zu gewinnen. Er tut was. Sein Motto: Wenn etwas Spaß macht, ist es keine Arbeit. Und meistens macht es Spaß. Also robbt er sich hoch zu Rapunzel. Und, Überraschung, er ist willkommen! Ihr gefällt seine Natürlichkeit, seine bodenständige Kraft. Er findet sie sexy. Sie spürt: Er ist ein guter Kamerad. Er merkt: Sie will verwöhnt werden. Sie ist keine, die mit anpackt, eher eine, die bedient werden will. Ein hübscher Flirt. Für beide ein Einblick in eine andere Welt. Dann aber heißt es: Winke, winke!

## Rapunzel trifft Froschkönig

Sie ist eine Queen auf hohem Turm. Er kommt aus den Niederungen. Sie will verehrt werden, am liebsten von einem Troubadour, der unten ein Ständchen gibt. Er quakt, so gut er kann. Seine Sehnsucht ist herzzerreißend. Doch sie bleibt kühl. Sie ist nicht dazu da, verwunschene Männer zu erlösen. Umgekehrt soll es sein: Ein Traumprinz soll sie erlösen! Von selbst kommen die beiden nicht zueinander. Dafür ist er zu melancholisch und sie zu stolz. Doch wenn jemand Drittes die Vermittlung übernimmt, werden beide erlöst – füreinander!

## Rapunzel trifft das tapfere Schneiderlein

Ein heißer Flirt! Prinz Schneiderlein ist ein Blitzsieger. Der ist schon oben bei Rapunzel, bevor sie richtig ihr Haar herunterlassen kann. Sie will sich noch drehen und zieren, da springt er bereits durchs Fenster. Er ist nicht der Kerl, der sich mit Verehrung und Komplimenten aufhält. Er fragt auch nicht lange. Er nimmt, was sich bietet. Die holde Prinzessin gibt sich verschnupft. Und doch ist sie von diesem Frechling nachhaltig beeindruckt. Sollte er das Zeug zu ihrem Traumprinzen haben? Wenn sie ihren Dünkel ablegt, können die beiden den Turm beben lassen.

## Rapunzel trifft Hans im Glück

Sie ist verblüfft. Da ist einer, der geht lässig pfeifend an ihrem Turm vorbei. Hat er sie nicht gesehen? Doch, hat er. Aber er ist bereits happy. Er hat das Gefühl, er braucht niemanden. Unverschämt! Allerdings hat sie ein paar Tricks, ihn von seinem Irrglauben zu heilen. Sie weiß nicht genau, was sie antreibt. Und er weiß nicht, wie ihm geschieht. Das macht diese Begegnung zum spannenden Vergnügen für die beiden – und zum herrlichen Schauspiel für alle anderen. Die Haltbarkeit hält sich in Grenzen.

## 46 Rapunzel trifft den Wolf

Er ist der Mann, der sich einen weißen Rittermantel überwirft und mit kreidiger Stimme unter ihrem Fenster singt. Sie ist die Frau, die darauf hereinfällt. Andere müssen zu ihr hochklettern. Ihn zieht sie eigenhändig nach oben. Und dann staunt sie. Das ist kein Edelprinz! Das ist ein stacheliges Raubein! Der Schock währt allerdings nur kurz. Dann entdeckt sie Qualitäten an ihm, die sie allen angelernten Stolz vergessen lassen. Schön für beide! Allerdings heißt das nicht, dass er sie aus dem Turm befreit. Er kommt nur gern wieder zu Besuch.

## 47 Rapunzel trifft König Drosselbart



Es knistert heftig zwischen diesen beiden. Er ist der Typ, der hochmütige Frauen gern belehrt. Sie ist die Frau, die seine eitle Arroganz durchschaut. Sie sticheln und sie necken sich. Ein feiner Konkurrenzkampf treibt diese Beziehung stets aufs Neue an. Es gibt brutzelnde Spannung und mächtige Entladungen. Außenstehende könnten die beiden sogar für Gegner halten. Doch sie sind lediglich einander ebenbürtig und messen sich. Eine abwechslungsreiche Beziehung mit Frische-Garantie und vielen dankbaren Zuschauern.

## Rapunzel trifft Rumpelstilzchen

Das ist eine ungewöhnliche Verbindung. Denn sie lässt so leicht keinen an sich ran. Und er will unerkannt bleiben. Darin könnte ein Vorzug liegen: Jeder lässt den anderen in Ruhe. Aber so ist es nicht. Er will die hohen Mauern ihres Stolzes überwinden. Sie will seinem Geheimnis auf die Spur kommen. Solange sie einander liebevoll erforschen, ist alles gut. Wenn der eine am anderen zu zerren beginnt, ist das Ende nahe. Dem anderen die Freiheit zu lassen und zu vertrauen: Das ist die schöne schwierige Aufgabe in dieser seltenen Verbindung.

## Rapunzel trifft den gestiefelten Kater

Sie ist eine Herausforderung. Und er liebt Herausforderungen. Sie mag spotten, giften, bissig sein; das alles törnt ihn an. Er liebt Widerstände. Alle Hindernisse haben ihn bislang nur stärker werden lassen. Und sie ist ein lebendes Hindernis. Sie kann so abweisend sein, dass mindere Männer zu Staub zerfallen. Er nicht. Er läuft zu großer Form auf. Will er noch eine weitere Siegesmedaille an seine Brust heften? Nein! Er verehrt sie tatsächlich. Er bewundert sie, seine Traumprinzessin. Und dass sie ihn dafür schätzt, versteht sich von selbst! Ein schönes Paar!

## Sterntaler trifft den Königssohn

Sie hat Mitgefühl mit ihm. Er hat sich nie wirklich als Mann bewähren dürfen, und dabei ist er doch einer! Er spürt, dass sie mehr und tiefer sieht als andere. Sie durchdringt Schein und Oberfläche. Sie sieht mit dem Herzen. Zum ersten Mal fühlt er sich wirklich ernst genommen. Ihre pure Gegenwart ist ermutigend für ihn. Sie bringt den König in ihm zum Vorschein: seine Großzügigkeit, seine Würde, sein Charisma. Was kann er für sie tun? Da sein, nah sein, weiter nichts. Sie freut sich an seinem Aufblühen und blüht selbst zur Traumprinzessin auf.

## Sterntaler trifft Hänsel



Mitten im dunklen Wald treffen sie zusammen. Keiner von beiden weiß den Weg. Er tut so, als ob – und versucht kurz, den Überlegenen zu spielen. Dann merkt er: Ihr Vertrauen ist stärker als sein scheinbares Wissen. Sie weiß: Wo immer der Weg sie hinführt, es wird richtig für sie sein. Dieser Zuversicht beugt er sich. Etwas nur vermisst er – sie scheint ihn nicht zu brauchen. Sie ist nett zu ihm. Doch ohne ihn, ahnt er, käme sie ebenso gut zurecht. Auf Dauer stört das sein Selbstgefühl. Doch sie genießen ihr schönes gemeinsames Stück Weg.

## 53 Sterntaler trifft Froschkönig

Er scheint unter einem Bann zu stehen. Sie sieht sofort, dass ihm geholfen werden muss. Er glaubt, er könne nicht frei und glücklich sein. Sie weiß, wie einfach das ist. Und sie hilft. Ihre rückhaltlose Zuwendung erschüttert seinen Kosmos. Die Gebäude seines Trübsinns stürzen ein. Erfrischt, erneuert, heiter erhebt er sich und wandert in die Welt. Achso, war da nicht jemand? Richtig! Er wendet sich zurück. Es scheint, als sei sie nur für diese eine Großtat bestimmt gewesen: ihn zu erlösen. Sie winkt. Er dankt – für die dramatische, befreiende Begegnung.

## 54 Sterntaler trifft das tapfere Schneiderlein

Egal, wie laut und aufgedreht er daherkommt – sie durchschaut ihn. Sie sieht das Prahlerische seines Auftretens. Was andere blendet, beeindruckt sie nicht. Als strahlender Sieger wird er nicht bei ihr landen. Aber als komischer Held. Ihr Traumprinz ist er nicht. Aber sie findet ihn witzig. Und er ist von ihrer intuitiven Klarheit beeindruckt. Beide brauchen keine weitreichende Absicherung fürs Leben. Frech, unbeschwert und lässig flirten sie, kommen zueinander und driften wieder in die Distanz, ohne sich je ganz zu verlieren. Eine lustige Freundschaft.

## Sterntaler trifft Hans im Glück

Das Friedenspaar schlechthin. Diese beiden werden glücklich, wenn sie sich für eine große Sache engagieren. Zu zweit könnte eine gewisse Leere entstehen. Sterntaler will immer geben, und Hans braucht eigentlich nichts. Sie ist hilfsbereit, ihm geht es ohnehin gut. Als Hippie-Paar könnten die beiden lächelnd nebeneinander abschlaffen. Doch die Energie zwischen ihnen will es, dass sie ein gemeinsames Projekt auf die Beine stellen. Vermutlich ein wohltätiges. Der aufgeregte Flirt verebbt bald. Doch die Beziehung kann sich langfristig unendlich vertiefen.

## Sterntaler trifft den Wolf



Sie ist das Engelchen, das durch die Kälte wandert und armen Menschen milde Gaben gibt. Er ist das wunde Tier, das Steppen durchquert und nachts den Mond anheult. So begegnen sie sich: der einsame Wolf und die reizende Unschuld. Sie kann nicht anders, sie muss ihm etwas geben, vielleicht das Beste, was sie hat. Er kann nicht anders, er muss es nehmen und will gleich noch mehr. Am besten alles von dieser freigebigen Traumprinzessin, all die Sterne, die ihr vom Himmel zufielen. Nein. Da macht sie dicht. Kurz und schmerzhaft.

## Sterntaler trifft König Drosselbart

Er ist oft verspottet worden. Sie, die Empfindsame, erkennt das sofort. Die harte Schale, die er sich zugelegt hat, schreckt sie nicht ab. Sie sieht den Traumprinzen darunter. Er ist gerührt von diesem Vertrauen. Er lässt sich begeistern. Er schmilzt dahin. Doch auf die Dauer fehlt ihm die Distanz. Er lässt sich ungern durchschauen. Sie durchschaut ihn immer. Er möchte seine Rolle als weiser Lehrmeister spielen. Doch welche Weisheit wäre ihr neu? Wenn er seinen Hochmut aufgibt, kann die Sache halten. Sonst bleibt es beim aufbauenden Zwischenspiel.

## Sterntaler trifft Rumpelstilzchen

Feuerspeiende Kobolde und rumpelnde Trolle findet sie süß. Er ist so einer. Ein verkappter Heißsporn, der einen uralten Zorn in sich trägt. Den Grund kennt er selbst nicht mehr. Er merkt jetzt nur, dass sie eine heilende Wirkung hat. Einfach, indem sie ihn annimmt, so, wie er ist. Das geschieht ihm sonst nie. Sein Bedürfnis, das Leben kompliziert zu machen, schwindet. Er entspannt sich. Er wird zum Genießer. Allein durch diese Begegnung? Ja. Sie hat die Begabung, sein Herz aus Gold strahlen zu lassen – und gibt ihm ihre Himmelstaler dazu.

## Sterntaler trifft den gestiefelten Kater

Er ist ein Erfolgstyp. Er hält sie für eine begnadete PR-Strategin. Er findet es clever, wenn eine Prinzessin sich durch Wohltätigkeit in Szene setzt. Dass sie einfach nur ein Mädchen ist, das aus gutem Herzen helfen will, kann er nicht glauben. Sie wiederum bewundert seine Energie und seine Zielstrebigkeit. Sein Ehrgeiz ist ihr dagegen fremd. Wenn es zwischen den beiden funkt, dann eher aus Versehen und für kurze Zeit. Eine Beziehung wird sich nur entwickeln, wenn jeder den anderen seinen Weg gehen lässt. Aus der Ferne sind beide aufeinander stolz.

## Rotkäppchen trifft den Königssohn



Irgendwie rührt er sie. Er gibt sich so viel Mühe, wild und abenteuerlich zu erscheinen – und sehnt sich doch so sehr nach Sicherheit. Er will sie beeindrucken. Doch wenn sie abstreitet, was er gerade behauptet hat, gerät er schon ins Wanken. Er ist entschlusslos. Er zaudert. Er macht dankbar mit, was sie will. Auf kurze Sicht wirkt das leicht und lustig. Auf längere Sicht müsste sie die Beziehungsarbeit übernehmen. Dazu hat sie keine Lust. Es bleibt bei heiteren Ausflügen. Wenn er erwachsen geworden ist, darf er sich gern wieder als Traumprinz-Anwärter melden.

## 62 Rotkäppchen trifft Hänsel

Sie pflückt Blumen auf der Wiese, er irrt im Wald umher. Sie ist neugierig, er ein wenig furchtsam. Sie ist auf Abenteuer aus, er ist froh, wenn er sich im Dschungel der Gefühle zurechtfindet. Für leichtsinnige Spiele ist er nicht der richtige Gefährte. Er ist in einer Phase der Ernsthaftigkeit, zu der ihr vor allem Spott und Neckereien einfallen. Er sucht nach tieferem Sinn, sie nach höherem Unfug. Dass sie alles leichter nimmt als er, entspannt ihn für eine Weile, als werde er von der Sonne beschienen. Auf Dauer braucht er mehr als Spaß.

## 63 Rotkäppchen trifft Froschkönig

Dass aus einem Frosch ein Prinz werden kann, hält sie für Unfug. Aber sie probiert es mal. Und, holla, da passiert wirklich was! Begeistert von ihrer verwandelnden Kraft, zieht sie mit dem erlösten Mann durch die Welt. Weil er sich in der Prinzenrolle noch nicht zurechtfindet, übernimmt sie die Führung. Sie hat viel Spaß, er tappt lächelnd mit. Nach einiger Zeit fragt er sich, ob sie tatsächlich die Traumprinzessin ist, auf die er so lange gewartet hat. Ihr ist das gleichgültig. Sie will sich amüsieren. Er macht erst mal mit.

## 64 Rotkäppchen trifft das tapfere Schneiderlein

Sie will was erleben. Er hat was zu bieten. Er ist nicht der Sexiest Man Alive, aber er besitzt Charme und Witz und Optimismus. Er hat einiges von der Welt gesehen, wenn auch weit weniger, als er behauptet. Augenzwinkernd folgt sie dem sympathischen Aufschneider zu neuen Heldentaten. Beide verbindet die Lust am Abenteuer und eine fröhliche Naivität im Umgang mit Autoritäten. Sie erleben eine freche, kreative Zeit. Langeweile wäre der größte Feind dieser Kombination. Doch ihre Unternehmungslust reicht für ewig und einen Tag.

## 65 Rotkäppchen trifft Hans im Glück

Eine muntere Verbindung. Beide haben das Talent, das Leben light zu genießen. Nur will sie immer noch ein bisschen mehr erleben, während er sich zufrieden einrichtet mit dem, was kommt. Sie muss ihn antreiben, um ihr Bedürfnis nach Action zu decken. Er macht gutmütig mit. Der Flirt ist unbeschwert. Auf die Dauer erscheint ihm ihr Erfahrungshunger etwas übertrieben. Sie wiederum findet diesen freundlichen Prinzen ein bisschen zu phlegmatisch, ein wenig zu brav. Vielleicht ist er zu großmütig. Sie braucht mehr Reibung, mehr Widerstand.

## 66 Rotkäppchen trifft den Wolf

Ein Traumpaar. Sie mimt die holde Unschuld, er den dunklen Prinzen, sie die Blümchenmaid, er den Wüstling, sie die Schöne, er das Biest. Um ihn herauszufordern, hüpft sie arglos im Grünen umher. Es klappt. Er verliebt sich in ihre Frische, ihre Rosenwangen, ihre scheinbare Unschuld. Sie mag seine unrasierte, kernige Wildheit. Beide haben wilde Herzen und eine Seele voll Sehnsucht. Möge ihr Flirt ewig dauern! Würde etwas Festeres daraus werden, erwiese sich seine Wildheit womöglich als zahnlos, ihre Unschuld als längst vergangen.

## 67 Rotkäppchen trifft König Drosselbart

Er kommt zur rechten Zeit. Er kann sie gerade noch warnen – vor Leichtsinn, Abwegen und falschen Männern. Er macht ihr klar, wer der Richtige ist: er. Obwohl sie sich schon einige Fehler geleistet habe, sei er großzügig bereit sie aufzunehmen. Sie könne viel von ihm lernen. Die vorwitzige Prinzessin ist beeindruckt von seinem klaren Auftreten. Auch findet sie seine verborgene Wehmut anziehend. Doch wenn er auf Pflicht und Bravheit pocht, zieht es sie anderswohin: auf leichtsinnige Abwege, zu hochinteressanten, herrlich falschen Männern.

## Rotkäppchen trifft Rumpelstilzchen

Er ist der Typ, der am Waldrand wohnt. Sie ist von Randexistenzen fasziniert. Sein blitzender Zorn erschreckt sie nicht. Sie wittert die Leidenschaft darin. Er gehört zu den Prinzen, von denen ihre Mutter sie unbedingt fern halten wollte. Gerade deshalb ist er interessant. Er ist launisch, hitzig, unstet, keine solide Partie. Doch es brennt ein Feuer in ihm. Sie facht es an. Er ist gerührt, dass so ein liebenswürdiges Wesen sich um ihn bemüht. Schnell spinnt er ein wenig Stroh zu Gold für sie. Er wird weich. Sie schmilzt dahin. Ein herzbewegendes Traumpaar.

## Rotkäppchen trifft den gestiefelten Kater

Ein Kater in Stiefeln: Das ist ein wilder Kerl, der sich den Anschein der Bürgerlichkeit gibt. Ein Außenseiter, der nach eigenen Regeln lebt. So einer gefällt ihr. Er käme überall zurecht, das spürt sie; in der Wildnis ebenso wie auf gesellschaftlichem Parkett. Von dieser Lebensklugheit will sie gern kosten. Ihm ist sie willkommen als schmückende Begleiterin. Auf mehr mag er sich nicht einlassen. Er geht seinen Weg. Sie kann eine Weile mitgehen. Zur Hauptperson wird sie bei ihm nicht werden. Das bleibt nun mal er. Aber wenn sie damit zufrieden ist … gern.

## Schneewittchen trifft den Königssohn

Eine schöne Frau unter Glas ist der ideale Flirt für einen scheuen Königssohn. Er kann sie ansehen, bei Bedarf küssen und muss nicht übermäßig mit ihr reden. Doch Schneewittchen, so will es das Märchen, hustet vernehmlich und verlässt den gläsernen Käfig. Nun zeigt sich, dass sie schon viel Erfahrung mit Männern hat, mindestens mit sieben. Vom achten, dem Königssohn, lässt sie sich nichts mehr bieten. Eine Liaison gelingt, wenn er sich an ihre Anweisungen hält. Andernfalls besiegt sie ihn, wie sie ihre Stiefmutter besiegt hat.

## Schneewittchen trifft Hänsel



Beide haben eine harte Zeit hinter sich. Man hat sie ihrer Rechte beraubt, sie sind verstoßen, bedroht, angefeindet worden. Sie haben Kälte und Einsamkeit kennen gelernt – und haben alles überlebt. Sie sind bescheidener, klüger, rücksichtsvoller geworden. Ihr ähnliches Schicksal macht sie nun zu einfühlsamen Partnern. Sie verstehen einander ohne viele Worte. Bereits ihr Flirt hat eine Aura von Weisheit. Hier ist viel mehr drin als Fun und Party. Hier kann eine tiefe Freundschaft und Liebesbeziehung wachsen. Ein Blick: Sie ist bereits da!

## Schneewittchen trifft Froschkönig

Typisch! Während er im Teich wartet, wird sie im gläsernen Sarg vorbeigetragen. Ach, die wäre es gewesen, denkt er. Und sie blinzelt aus ihrer Ohnmacht: Der süße Grünschnabel da, den hätte ich küssen sollen! Zum Glück sieht man sich immer zweimal. Nur, als sie ihn beim nächsten Mal küsst, erweist er sich als herrisch fordernder Prinz. Und sie ist keineswegs so zart und zerbrechlich, wie er beim ersten Blick vermutet hat. Dem sehnsuchtsvoll schmachtenden Beginn folgt eine streitreiche Zeit. Und wenn sie nicht beendet wird, währet sie für immer.

## Schneewittchen trifft das tapfere Schneiderlein



Er findet sie gleich attraktiv. Er hält sie für die Traumprinzessin, die er als Lohn für sein Heldentum verdient hat. Sie findet ihn interessant und lustig, hält ihn jedoch für nicht ganz seriös. Er hat einige Siege eingefahren, meist jedoch auf sonderbare Art. Sie hat viel einstecken müssen und ist auf der Hut. Er tut einiges, um sie zu beeindrucken. Sie bleibt vorsichtig. Sie ist fair, aber nicht dumm. Bevor sie sich auf ihn einlässt, soll er beweisen, dass er es ernst meint. Will er das? Er möchte Spaß und Abenteuer. Und nun wird er auf die Traumprinzen-Rolle hin geprüft!

## 75 Schneewittchen trifft Hans im Glück

Sie ist so edel, dass man sie in einem gläsernen Schrein umherträgt. Er ist so einfältig, dass er gar nicht kapiert, was für eine tolle Prinzessin sie ist. Mit seinem Gänseblümchen hinterm Ohr schlendert er selbstvergnügt an ihr vorbei. Das regt sie auf. Diesem unverschämten Vagabunden muss sie es zeigen! Und sie zeigt einiges bei ihrem Flirt! Er ist durchaus ablenkbar. Warum nicht, wenn es so leicht geht? Die Begegnung wird leidenschaftlich, heiter und kurz. Er möchte nicht auf ein Schloss. Er will unterwegs bleiben: King of the road.

## 76 Schneewittchen trifft den Wolf

Er ist nicht der Typ, der direkt und klar sagt, was er will. Aber Klarheit braucht sie jetzt. Die Zeit der verdeckten Schachzüge ist vorbei. Mit Leuten, die sich verstellen, kann sie nichts mehr anfangen. Schade eigentlich, denn für ihn gehören Schauspielerei und Maskerade zum Spiel. Natürlich will er damit etwas erreichen. Aber vor allem will er Spaß haben. Sie ist auf Ernsthafteres aus, auf Fairness, Freundschaft, Aufrichtigkeit. Ein Flirt zwischen den beiden birgt Missverständnisse. Prinz Wolf kommt sich vor wie in der Therapie.

## Schneewittchen trifft König Drosselbart

Hinter seinem schroffen Auftreten verbirgt sich ein zartes Herz. Er ist verletzt worden. Er fürchtet den Spott der Frauen. Aber sie ist nicht so eine, keine leichtfertige. Sie hat selbst schon zu viel erfahren. In der Zeit ihres Rückzugs, hinter sieben Bergen, hat sie sich neu orientiert. Sie ist offen, selbst für so sonderbare Prinzen wie ihn. Ja, vielleicht gerade für einen Mann, dem ein geheimer Schmerz anzumerken ist. Das ist kein flotter Flirt. Eher ein behutsames Ausloten. Die beiden haben sich viel zu erzählen. Für lange Zeit.

## Schneewittchen trifft Rumpelstilzchen



Diese Prinzessin hat eine Schwäche für glänzende und spiegelnde Dinge. Ein Mann, der Stroh zu Gold machen kann, weckt ihr Interesse. Seit sie Erfahrungen mit Zwergen gesammelt hat, hat sie etwas übrig für skurrile Typen. Rumpelstilz ist so einer. Der Mann wäre ein Traumprinz, würde er nicht so egozentrisch in seinem Hobbykeller herumpoltern. Mag ja sein, dass er feurig flirtet. Doch im Pflegen von Beziehungen hält sich seine Begabung in Grenzen. Sie fordert ihn wütend zur Besserung auf und sucht dann Trost bei sieben alten Freunden.

## Schneewittchen trifft den gestiefelten Kater

Sie ist eine Teamworkerin. Er der Typ, der es allein schaffen will. Sie ist eine Prinzessin der Freundschaft. Er ein Prinz der Cleverness. Dass beide der schlichte Wunsch verbindet, glücklich und in Frieden zu leben, reicht vielleicht nicht. Dem ersten funkenreichen Flirt folgt die Erkenntnis, dass beide in verschiedenen Welten leben. Das lässt sich mitunter vereinbaren. Nur sind viele Verhandlungen nötig. Am besten, die Begegnung hält sich möglichst lange im Flirtstadium. Er will sich ohnehin nicht festlegen. Wenn sie mitmacht, bleibt alles spielerisch.

## Die Fee trifft den Königssohn

Er ist begeistert und erschrocken. Sie hat diesen Appeal, der ihn schlottern lässt. Er ist, zumindest innerlich, noch ein kleiner Junge. Sie wirkt so zauberisch erfahren und tiefgründig. Wenn er ihr in die Augen sieht, muss er seinen Blick abwenden. Ihre zwingende Strahlkraft hält er nicht aus. Dabei meint sie es nur gut! Sie ist sogar bereit, ihm drei Wünsche zu erfüllen. Vorausgesetzt, es sind würdige Wünsche. Da steckt das Dilemma. Ist er ihrer würdig? Er fühlt sich unterlegen. Sie wirkt so machtvoll. Er so schwach. Kein guter Start für die Traumprinzen-Rolle!

## 82 Die Fee trifft Hänsel

Für ihn erscheint sie unerwartet, jedoch genau im rechten Augenblick. Er ist in einer Phase, in der er Orientierung braucht. Sie ist die Frau, die ihm die Richtung weisen kann. Allerdings muss er ihr folgen. Denn ihre Kunst ist nicht umsonst. Er muss ihre Macht anerkennen. Was sie im dunklen Wald mit ihm vorhat, weiß er nicht. Doch er hat keine Wahl. Eben ist er knapp einer Pfefferkuchen-Hexe entronnen. Nun liefert er sich einer Frau mit magischen Kräften aus. Sie kann ihn erheben und erniedrigen. Und vielleicht wird sie beides tun. Spannend!

## 83 Die Fee trifft Froschkönig

Für diesen verwunschenen Helden ist sie eine ideale Erscheinung. Sie braucht ihn kaum zu küssen, um ihn zu erlösen. Anhauchen reicht. Ein Blick genügt. So groß ist ihre verwandelnde Kraft. Er hingegen gehört zu den wenigen Prinzen, die sich vor dieser magischen Frau nicht fürchten. Ja, sie ist stark. Sie ist tiefgründig, scharfsinnig, intensiv. Doch er selbst ist in die undurchsichtigsten Tiefen gestiegen. Er hat aus dem Brunnen der Dunkelheit und der Weisheit getrunken. Sie sind beide auf gleicher Höhe. Ein machtvolles Paar.

## 84 Die Fee trifft das tapfere Schneiderlein

Er ist pfiffig, schnell und clever. Vor allem deshalb, weil er gefühlsmäßig nie sonderlich beteiligt ist. Jetzt erscheint eine Frau, die das Meer der Gefühle in allen Weiten und Tiefen durchmessen hat. Sie verkörpert, was ihm unbekannt ist. Als er ihr in die Augen sieht, fürchtet er zu versinken. Zugleich spürt er die Chance: Das, was er nie wahrnehmen wollte, kann er mit ihr erkunden. Soll er also ironisch flirtend an der Oberfläche paddeln? Oder die Wellen über sich zusammenschlagen lassen? Viel Zeit zum Überlegen bleibt nicht mehr …

## 85 Die Fee trifft Hans im Glück

Er ist der fröhliche Landstreicher unter den Prinzen. Weil er heiter und im Herzen wunschlos ist, hat eine zauberkräftige Fee über ihn keine Macht. Sie fasziniert ihn auch nicht sonderlich. Es ist nett, wenn sie ihn ein Stück des Weges begleitet. Man kann plaudern, sogar ein Nachtlager teilen. Doch die magische Wirkung, die sie auf andere hat, weht an ihm vorbei. Das wurmt sie. Sein munterer Sinn, seine luftige Unabhängigkeit haben es ihr angetan. Ihr fehlt diese Leichtigkeit. Sie kann ihn zu einer hübschen Wanderung zu zweit überreden.

## 86 Die Fee trifft den Wolf

Beide sind leidenschaftlich, beide machtbewusst, beide können hypnotisieren. Sie sind in der Lage, einen schwächeren Partner zu verschlingen, seelisch zumindest. Doch jetzt sind sie gleich stark. Ihr Flirt ist ein Kräftemessen. Ihm blitzen die Zähne, ihr sprühen Funken aus den Augen. Die Atmosphäre ist gespannt. Ob sie sich entlädt, hängt von der Disziplin ab, die beide aufbringen können. Ihre Begegnung ist zunächst ein zärtliches Ringen, dann ein amouröser Fight und wird – zum Vergnügen der Zuschauer – ein feuriger Thriller.

## 87 Die Fee trifft König Drosselbart

Er spürt, dass sie stark ist, auf Dauer wohl stärker als er – doch er merkt auch, wie gut sie ihm tut. Bereits der Flirt lässt etwas schmelzen in ihm: jenen eisigen Schutzpanzer, der sich um sein Herz gelegt hat. Von allen Prinzessinnen ist sie die reifste, ernsthafteste. Er erkennt in ihr eine Weisheit, die er lange ersehnt hat. Obwohl die Kräfte in ihr unter Spannung stehen, empfindet er Frieden in ihrer Gegenwart. Es ist, als würde er an ihrer Seite ein besserer Mensch. Sie genießt diese Wandlung. Sie entspannt sich mit ihm. Er könnte tatsächlich ihr Traumprinz sein.

## 88 Die Fee trifft Rumpelstilzchen

Sie ist die Zauberin unter den Prinzessinnen, er der Magier unter den Prinzen. Gewöhnlich gehen sie einander aus dem Weg. Beide halten sich lieber bedeckt, beobachten scharf und handeln im Verborgenen. Wenn sie sich begegnen, entdeckt jeder das Eigene im anderen – wie in einem verzerrenden Spiegel. Das ist beklemmend und faszinierend. Starke gleichartige Kräfte treffen sich und stoßen sich ab. Etwas Sonderbares bleibt um dieses Rendezvous. Nur in seltenen Fällen löst sich die Distanz, dann jedoch für immer.

## 89 Die Fee trifft den gestiefelten Kater

Beide können zäh sein bis zum Starrsinn. Das zeigt sich früh, wenn der eine vom anderen etwas will. Er oder sie wird nicht nachlassen – höchstens, um besser Anlauf zu nehmen. Beide verstehen sich besser, als sie anfangs selber glauben. Sie scheint mystischer als er; doch er pflegt seinen Aberglauben. Er scheint materieller als sie; doch wenn's drauf ankommt, kann sie penibel Taler zählen. Beide sind konsequent, können viel einstecken und geben ungern nach. Optimal für eine lange, zärtlich kämpferische Beziehung.

## 91 Rosenrot trifft den Königssohn

Er ist bezaubert. Sie hat genau die unbekümmerte Frische, nach der er sich sehnt. Wenn sie seine Hand nimmt, um mit ihm zu hüpfen oder tanzen, fühlt er sich leicht. Er ist zu all den Abenteuern bereit, zu denen ihm bislang der Mut fehlte. Jetzt traut er sich, und es ist herrlich. Ihr macht es Spaß, ihn zu necken und ihm wegzulaufen. Vielleicht hält er ihr irgendwann vor, sie sei oberflächlich. Wahr ist: Sie ist schneller und weniger melancholisch. Dafür darf er sich neben ihr erwachsener vorkommen, als er ist. Für geraume Zeit ein fröhliches Paar!

## 92 Rosenrot trifft Hänsel



Er ist ein Mann, der schon einiges erlebt hat. Er kennt Armut und das Gefühl von Heimatlosigkeit. Er musste sich sogar mit einer leibhaftigen Hexe abmühen. Jetzt, wie auf einer Lichtung im dunklen Wald, begegnet er dieser Prinzessin mit dem kunterbunten Herzen. Schon beim Flirt fällt alles von ihm ab, was ihn je belastet hat. Es wird ihn nie mehr herunterziehen. Sie wiederum liebt den Charme dieses Jünglings, der tiefgründiger wirkt als andere. Sie spürt seine partnerschaftlichen Qualitäten. Er öffnet sich langsam, aber nachhaltig und nur für sie.

## 93 Rosenrot trifft Froschkönig

Einen Frosch zu küssen, ist für sie das geringste Problem. Besonders, wenn er so liebenswert aussieht. Er müsste sich noch nicht einmal verwandeln. Sie will ja nur übermütig herumhüpfen und ein bisschen Spaß haben. Sie sieht nicht den Traumprinzen in ihm. Aber er möchte sich partout verwandeln. Es stecke mehr in ihm, meint er, da müsse noch ein größeres Glück auf ihn warten. Er hat diese unstillbare Sehnsucht. Wonach? Wohin? Sie weiß, dass das Glück hier ist, jetzt. Das glaubt er nicht. Schade. Wenn er immer anderswohin will, wird sie plötzlich weg sein.

## 94 Rosenrot trifft das tapfere Schneiderlein

Sie hat etwas übrig für Witzbolde. Und Angeber findet sie niedlich; die sind so leicht zu durchschauen. Er hingegen hat nichts gegen kluge Frauen, solange sie lustig sind. So beginnt ein unterhaltsamer Flirt. Sie kann ihn mühelos zu spontanen Ausflügen ins Blaue überreden. Ihre Begegnung wirkt wie ein Trip durch einen Vergnügungspark. Mit der Zeit gleicht sie immer mehr einer Achterbahn: mit Spannung, Schrecken und Erleichterung und schließlich langsamem Ausgleiten. Beide sind anschließend erholungsbedürftig.

## 95 Rosenrot trifft Hans im Glück

Die optimale Schönwetter-Kombination. Beide haben die Begabung, sorglos durch die Gegend zu schweifen und Obst aus fremden Gärten zu pflücken. Sie genießen unbeschwert. Sie haben Vertrauen. Das Leben hat alles bestens für sie eingerichtet. Ihr sorgloser Flirt beflügelt auch noch Freundinnen und Freunde. Bis er sich ohne erkennbaren Grund in Luft auflöst. Beide tun nicht übermäßig viel zum Erhalt der Beziehung. Sie wissen, dass ihr Glück nicht vom anderen abhängt. Eine schöne Freundschaft bleibt.

## 96 Rosenrot trifft den Wolf

Prinzessin Rosenrot springt so optimistisch in die Welt, dass sie verblüfft stehen bleibt, als sie diesem abgerissenen Prinzen begegnet. Er hat etwas Ruppiges, Heftiges, das sie zugleich irritiert und anzieht. Bislang hat sie geglaubt, Leben und Liebe müssten leicht und luftig sein. Jetzt erkennt sie, dass ihr immer eine Facette gefehlt hat: die Glut und die Intensität der Leidenschaft. Genau die verkörpert er. Und sie, neugierig, wenn auch ein wenig furchtsam, steigt darauf ein. Wie weit – das merkt sie erst später. Es gibt Abenteuerliches zu erleben!

## 97 Rosenrot trifft König Drosselbart

Sie sind gegensätzliche Charaktere. Die Prinzessin ist charmant, übermütig, beschwingt, ohne Anspruch auf Dauer. Er ist ernsthaft, zurückhaltend und vorsichtig. Sie ist unbeständig, er verantwortungsvoll. Sie verliebt sich immer wieder gern aufs Neue, er erwärmt sich nur langsam. Doch genau das geschieht hier. Er entdeckt sein Herz für diesen Schmetterling. Kaum will er sie fangen, huscht sie davon. Ihr macht das Spaß, er leidet in Maßen. Wenn sie zusammenkommen, bleibt es bei diesem Spiel.

## 98 Rosenrot trifft Rumpelstilzchen

Prinzessin Rosenrot kann treu sein – wenn sie will. Das ist gut zu wissen für einen abgründigen Kobold wie ihn. Als sie ihn auf freier Wildbahn trifft, schluckt sie erst mal. Sie ist gutmütig, aber er ist fordernd. Sie braucht Freiheit, er schafft Abhängigkeiten. Sie legt Wert auf Fairness und Gleichwertigkeit. Er will unangefochten das Sagen haben. Kann das gut gehen? Es kann jedenfalls zu einer enormen erotischen Spannung kommen. Es ist, als verfüge er über magischen Liebeszauber – und sie über tausend Fluchtwege. Ein Thriller!

# Rosenrot trifft den gestiefelten Kater

Er tritt auf wie ein Manager, der in ihr die Entertainerin entdeckt. Bereits beim Flirt scheint er mehr in den Erfolg verliebt als in sie. Er hat ein hohes Ziel im Kopf, nicht nur für sich selbst, auch für sie. Beeindruckt von seiner Power und seinen Visionen, ist sie fürs Erste bereit ihm zu folgen. Und tatsächlich lernt sie in diesem Beisammensein mehr als in langen Begegnungen vorher. Nur fühlt sie sich nie ganz auf Augenhöhe mit ihm. Sie hat das Gefühl, ihm zu assistieren. Wobei eigentlich? Bei seiner Selbstverwirklichung. Das klappt – bis sie sich abnabelt.

# Fragen und Antworten

## Wie funktioniert das Traumprinzen-Spiel?

Märchen enthalten tiefe Wahrheiten. Nur deshalb sind sie über viele Jahrhunderte lebendig geblieben. Ihre Wahrheit übersteigt das, was die Nachrichten bieten und was gelegentlich als Realität bezeichnet wird. Die Wahrheit der Märchen ist seelische Wahrheit. Sie ist reine Weisheit. Sie enthält das Wissen um Glück und Erfüllung und inneren Frieden. Genau darum geht es in diesem Buch. Das Traumprinzen-Spiel ist eine Quelle der Weisheit und des Glücks. Und gelacht werden darf dabei auch!

## Wie oft macht man das Traumprinzen-Spiel?

Immer, wenn einem danach ist. Natürlich nicht zweimal am Tag, auch nicht zweimal in der Woche. Einmal pro Woche ist schon übertrieben. Aber das müssen Sie selbst ausprobieren. Einige machen Orakelspiele nur am Geburtstag und zu Silvester oder an wichtigen Jahrestagen. Andere immer dann, wenn sie eine bestimmte Frage haben und etwas klären wollen. Wieder andere auf jeder Party.

# Treffen die Vorhersagen zu?

Selbstverständlich! Weise aller Zeiten und Länder stimmen in mindestens einer Erfahrung überein: Es gibt keinen Zufall. Dass wir mit gewissen Menschen zusammengetroffen sind, ist kein Zufall. Dass wir dieses Buch lesen. Dass uns eine bestimmte Märchen-Kombination zufällt. Alles kein Zufall. Jedes Ereignis geschieht erst in dem Augenblick, wenn man bereit dafür ist. Was uns widerfährt und wann es uns widerfährt, ist charakteristisch für uns. Also: Die Märchenfigur, zu der wir gelangt sind, sagt viel über uns aus. Aber nehmen wir es mit Humor. Nicht nur dieses Spiel. Sondern jede Weissagung. Jeden Spruch. Überhaupt alles, was andere über uns sagen. Und wenn es uns nicht gefällt, sehen wir darin eine Herausforderung, es zu widerlegen.

## Wie war das noch mal mit der Quersumme?

Gute Frage! Die Quersumme ist die Summe der einzelnen Ziffern einer Zahl. Die Quersumme von 198 ist 1 + 9 + 8 = 18. Für unser Traumprinzen-Spiel benötigen wir jedoch eine einstellige Zahl. Wir berechnen darum von der 18 auch noch die Quersumme: 1 + 8 = 9. Das ist ein uraltes Orakelprinzip, das bereits in der griechischen Antike angewandt wurde, übrigens auch in der indischen Astrologie und im alten China. Dieses Prinzip hat einen Nachteil: Man muss rechnen. Zwar nur kurz, aber das reicht schon, um sich zu irren. Ist es schlimm, wenn man sich verrechnet? Nein, denn zu den ältesten Weisheiten der Welt gehört die Erfahrung: Auch der Irrtum führt zur Wahrheit. Oft sogar auf besonders schnellem Weg …